Thoughts / Messages

With Love:_____

With Love:_____

With Love:_____

With Love:_____

Happy Birthday

Thoughts / Messages

With Love:_____

With Love:_____

With Love:_____

With Love:_____

Happy Birthday

Thoughts / Messages

With Love:_____

With Love:_____

With Love:_____

With Love:_____

Happy Birthday

Thoughts / Messages

With Love:_____

With Love:_____

With Love:_____

With Love:_____

Happy Birthday

Thoughts / Messages

With Love:_____

With Love:_____

With Love:_____

With Love:_____

Happy Birthday

Thoughts / Messages

With Love:_____

With Love:_____

With Love:_____

With Love:_____

Happy Birthday

Thoughts / Messages

With Love:_____

With Love:_____

With Love:_____

With Love:_____

Happy Birthday

Thoughts / Messages

With Love:_____

With Love:_____

With Love:_____

With Love:_____

Happy Birthday

Thoughts / Messages

With Love:_____

With Love:_____

With Love:_____

With Love:_____

Happy Birthday

Thoughts / Messages

With Love:_____

With Love:_____

With Love:_____

With Love:_____

Happy Birthday

Thoughts / Messages

With Love:_____

With Love:_____

With Love:_____

With Love:_____

Happy Birthday

Thoughts / Messages

With Love:_____

With Love:_____

With Love:_____

With Love:_____

Happy Birthday

Thoughts / Messages

With Love:_____

With Love:_____

With Love:_____

With Love:_____

Happy Birthday

Thoughts / Messages

With Love:_____

With Love:_____

With Love:_____

With Love:_____

Happy Birthday

Thoughts / Messages

With Love:_____

With Love:_____

With Love:_____

With Love:_____

Happy Birthday

Thoughts / Messages

With Love:_____

With Love:_____

With Love:_____

With Love:_____

Happy Birthday

Thoughts / Messages

With Love:_____

With Love:_____

With Love:_____

With Love:_____

Happy Birthday

Thoughts / Messages

With Love:_____

With Love:_____

With Love:_____

With Love:_____

Happy Birthday

Thoughts / Messages

With Love:_____

With Love:_____

With Love:_____

With Love:_____

Happy Birthday

Thoughts / Messages

With Love:_____

With Love:_____

With Love:_____

With Love:_____

Happy Birthday

Thoughts / Messages

With Love:_____

With Love:_____

With Love:_____

With Love:_____

Happy Birthday

Thoughts / Messages

With Love:_____

With Love:_____

With Love:_____

With Love:_____

Happy Birthday

Thoughts / Messages

With Love:_____

With Love:_____

With Love:_____

With Love:_____

Happy Birthday

Thoughts / Messages

With Love:_____

With Love:_____

With Love:_____

With Love:_____

Happy Birthday

Thoughts / Messages

With Love:_____

With Love:_____

With Love:_____

With Love:_____

Happy Birthday

Thoughts / Messages

With Love:_____

With Love:_____

With Love:_____

With Love:_____

Happy Birthday

Thoughts / Messages

With Love:_____

With Love:_____

With Love:_____

With Love:_____

Happy Birthday

Thoughts / Messages

With Love:_____

With Love:_____

With Love:_____

With Love:_____

Happy Birthday

Thoughts / Messages

With Love:_____

With Love:_____

With Love:_____

With Love:_____

Happy Birthday

Thoughts / Messages

With Love:_____

With Love:_____

With Love:_____

With Love:_____

Happy Birthday

Thoughts / Messages

With Love:_____

With Love:_____

With Love:_____

With Love:_____

Happy Birthday

Thoughts / Messages

With Love:_____

With Love:_____

With Love:_____

With Love:_____

Happy Birthday

Thoughts / Messages

With Love:_____

With Love:_____

With Love:_____

With Love:_____

Happy Birthday

Thoughts / Messages

With Love:_____

With Love:_____

With Love:_____

With Love:_____

Happy Birthday

Thoughts / Messages

With Love:_____

With Love:_____

With Love:_____

With Love:_____

Happy Birthday

Thoughts / Messages

With Love:_____

With Love:_____

With Love:_____

With Love:_____

Happy Birthday

Thoughts / Messages

With Love:_____

With Love:_____

With Love:_____

With Love:_____

Happy Birthday

Thoughts / Messages

With Love:_____

With Love:_____

With Love:_____

With Love:_____

Happy Birthday

Thoughts / Messages

With Love:_____

With Love:_____

With Love:_____

With Love:_____

Happy Birthday

Thoughts / Messages

With Love:_____

With Love:_____

With Love:_____

With Love:_____

Happy Birthday

Thoughts / Messages

With Love:_____

With Love:_____

With Love:_____

With Love:_____

Happy Birthday

Thoughts / Messages

With Love:_____

With Love:_____

With Love:_____

With Love:_____

Happy Birthday

Thoughts / Messages

With Love:_____

With Love:_____

With Love:_____

With Love:_____

Happy Birthday

Thoughts / Messages

With Love:_____

With Love:_____

With Love:_____

With Love:_____

Happy Birthday

Thoughts / Messages

With Love:_____

With Love:_____

With Love:_____

With Love:_____

Happy Birthday

Thoughts / Messages

With Love:_____

With Love:_____

With Love:_____

With Love:_____

Happy Birthday

Thoughts / Messages

With Love:_____

With Love:_____

With Love:_____

With Love:_____

Happy Birthday

Thoughts / Messages

With Love:_____

With Love:_____

With Love:_____

With Love:_____

Happy Birthday

Thoughts / Messages

With Love:_____

With Love:_____

With Love:_____

With Love:_____

Happy Birthday

Thoughts / Messages

With Love:_____

With Love:_____

With Love:_____

With Love:_____

Happy Birthday

Thoughts / Messages

With Love:_____

With Love:_____

With Love:_____

With Love:_____

Happy Birthday

Thoughts / Messages

With Love:_____

With Love:_____

With Love:_____

With Love:_____

Happy Birthday

Thoughts / Messages

With Love:_____

With Love:_____

With Love:_____

With Love:_____

Happy Birthday

Thoughts / Messages

With Love:_____

With Love:_____

With Love:_____

With Love:_____

Happy Birthday

Thoughts / Messages

With Love:_____

With Love:_____

With Love:_____

With Love:_____

Happy Birthday

Thoughts / Messages

With Love:_____

With Love:_____

With Love:_____

With Love:_____

Happy Birthday

Thoughts / Messages

With Love:_____

With Love:_____

With Love:_____

With Love:_____

Happy Birthday

Thoughts / Messages

With Love:_____

With Love:_____

With Love:_____

With Love:_____

Happy Birthday

Thoughts / Messages

With Love:_____

With Love:_____

With Love:_____

With Love:_____

Happy Birthday

Thoughts / Messages

With Love:_____

With Love:_____

With Love:_____

With Love:_____

Happy Birthday

Thoughts / Messages

With Love:_____

With Love:_____

With Love:_____

With Love:_____

Happy Birthday

Thoughts / Messages

With Love:_____

With Love:_____

With Love:_____

With Love:_____

Happy Birthday

Thoughts / Messages

With Love:_____

With Love:_____

With Love:_____

With Love:_____

Happy Birthday

Thoughts / Messages

With Love:_____

With Love:_____

With Love:_____

With Love:_____

Happy Birthday

Thoughts / Messages

With Love:_____

With Love:_____

With Love:_____

With Love:_____

Happy Birthday

Thoughts / Messages

With Love:_____

With Love:_____

With Love:_____

With Love:_____

Happy Birthday

Thoughts / Messages

With Love:_____

With Love:_____

With Love:_____

With Love:_____

Happy Birthday

Thoughts / Messages

With Love:_____

With Love:_____

With Love:_____

With Love:_____

Happy Birthday

Thoughts / Messages

With Love:_____

With Love:_____

With Love:_____

With Love:_____

Happy Birthday

Thoughts / Messages

With Love:_____

With Love:_____

With Love:_____

With Love:_____

Happy Birthday

Thoughts / Messages

With Love:_____

With Love:_____

With Love:_____

With Love:_____

Happy Birthday

Thoughts / Messages

With Love:_____

With Love:_____

With Love:_____

With Love:_____

Happy Birthday

Thoughts / Messages

With Love:_____

With Love:_____

With Love:_____

With Love:_____

Happy Birthday

Thoughts / Messages

With Love:_____

With Love:_____

With Love:_____

With Love:_____

Happy Birthday

Thoughts / Messages

With Love:_____

With Love:_____

With Love:_____

With Love:_____

Happy Birthday

Thoughts / Messages

With Love:_____

With Love:_____

With Love:_____

With Love:_____

Happy Birthday

Thoughts / Messages

With Love:_____

With Love:_____

With Love:_____

With Love:_____

Happy Birthday

Thoughts / Messages

With Love:_____

With Love:_____

With Love:_____

With Love:_____

Happy Birthday

Thoughts / Messages

With Love:_____

With Love:_____

With Love:_____

With Love:_____

Happy Birthday

Thoughts / Messages

With Love:_____

With Love:_____

With Love:_____

With Love:_____

Happy Birthday

Thoughts / Messages

With Love:_____

With Love:_____

With Love:_____

With Love:_____

Happy Birthday

Thoughts / Messages

With Love:_____

With Love:_____

With Love:_____

With Love:_____

Happy Birthday

Thoughts / Messages

With Love:_____

With Love:_____

With Love:_____

With Love:_____

Happy Birthday

Thoughts / Messages

With Love:_____

With Love:_____

With Love:_____

With Love:_____

Happy Birthday

Thoughts / Messages

With Love:_____

With Love:_____

With Love:_____

With Love:_____

Happy Birthday

Thoughts / Messages

With Love:_____

With Love:_____

With Love:_____

With Love:_____

Happy Birthday

GIFT LOG

DATE	GIFT DESCRIPTION	GIVEN BY	THANK YOU NOTICE SENT

GIFT LOG

DATE	GIFT DESCRIPTION	GIVEN BY	THANK YOU NOTICE SENT

GIFT LOG

DATE	GIFT DESCRIPTION	GIVEN BY	THANK YOU NOTICE SENT

GIFT LOG

DATE	GIFT DESCRIPTION	GIVEN BY	THANK YOU NOTICE SENT

GIFT LOG

DATE	GIFT DESCRIPTION	GIVEN BY	THANK YOU NOTICE SENT

GIFT LOG

DATE	GIFT DESCRIPTION	GIVEN BY	THANK YOU NOTICE SENT

GIFT LOG

DATE	GIFT DESCRIPTION	GIVEN BY	THANK YOU NOTICE SENT

GIFT LOG

DATE	GIFT DESCRIPTION	GIVEN BY	THANK YOU NOTICE SENT

GIFT LOG

DATE	GIFT DESCRIPTION	GIVEN BY	THANK YOU NOTICE SENT

GIFT LOG

DATE	GIFT DESCRIPTION	GIVEN BY	THANK YOU NOTICE SENT

GIFT LOG

DATE	GIFT DESCRIPTION	GIVEN BY	THANK YOU NOTICE SENT

GIFT LOG

DATE	GIFT DESCRIPTION	GIVEN BY	THANK YOU NOTICE SENT

GIFT LOG

DATE	GIFT DESCRIPTION	GIVEN BY	THANK YOU NOTICE SENT

GIFT LOG

DATE	GIFT DESCRIPTION	GIVEN BY	THANK YOU NOTICE SENT

GIFT LOG

DATE	GIFT DESCRIPTION	GIVEN BY	THANK YOU NOTICE SENT

38385215R00064

Made in the USA
San Bernardino, CA
10 June 2019